To photograph with sensation, to preserve the moment

Yeh Yihsuan

美商EHGBooks微出版公司
www.EHGBooks.com
EHG Books 公司出版
Amazon.com 總經銷
2017 年版權美國登記

2017 年 EHGBooks 第一版

ISBN-13：978-1-62503-359-8

Qu'est-ce qu'une photographe doit utiliser pour communiquer avec l'objet photographié? Quel moyen utilise-t-elle pour interpréter l'objet de sa photographie? La lumière est le parfait compagnon et le serviteur de la photographe. S'il y a plus de lumière qui apparaît du côté droit, cela peut rendre la photo plus vivante, de ce fait, la photographe se déplace vers la gauche et appuie sur le déclencheur. Ainsi, elle enregistre le caractère mystérieux de l'objet photographique et révéle un moment qui est à présent entré dans la légende.

Ma passion pour la photographie vient peut-être de ma curiosité pour tout ce qui est mystérieux. Comment la lumière du soleil agit sur la terre, fine et lisse, atrocement, qui tombe sans la moindre réserve. Je suis profondément émue parce qu'il y a une certaine émotion tactile quand l'on prend une photo. Je réserve un peu de temps. La photographe.

攝影者用甚麼與被攝物對話？用甚麼去詮釋他的被攝物，光線一直是攝影者的最洽當的伴侶與服務者，多一點的光線從右端出現，會使景緻更有生命力，那就挪動自身的立點，往左，然後按下快門，記錄了對象物的神秘性，和揭露那個時刻的天文界的傳奇。

或者是對神秘界線的興趣，那作用在地球上的太陽光，細膩地、殘酷地、毫無保留地落下，深為所感，是有觸感地拍攝，保留住一個時間點的當下，攝影者。

What does the photographer use to communicate with the object being photographed? How does the photographer interpret the object? Light was always the photographer's best companion and servant. More light shining in from the right will give the view more life, so I shift my standing point to the left, then press down on the shutter to record the enigma of the photographed object and disclose that moment of astronomical legend.

Or my curiosity towards the boundary lines of mystery. The sunlight that falls upon the earth exquisitely, cruelly, deeply affecting. To photograph with sensation, to preserve the moment at its current state, that is the photographer.

Netherworld 幽冥, New York, USA, 2002

Separate 阻隔, New York, USA, 2002

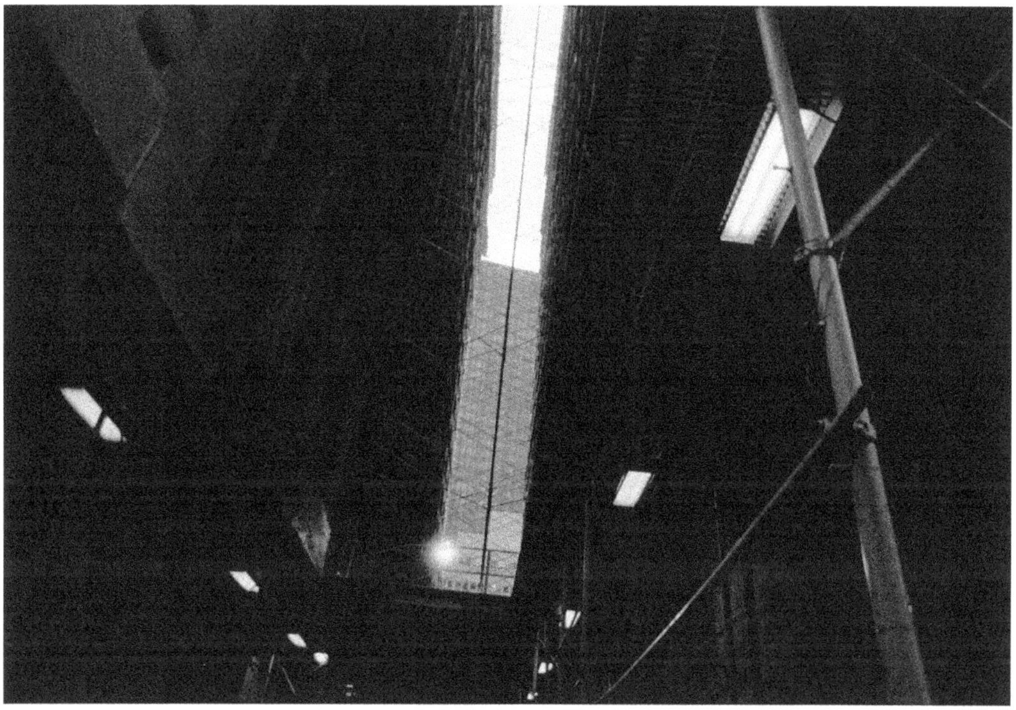

Narrow 陷入的光, New York, USA, 2002

Variant 廻, New York, USA, 2002

Uncanny 未識, New York, USA, 2002

Slide paper 鬼魅, New York, USA, 2002

Dust 塵土的具象, Ann Arbor, USA, 2002

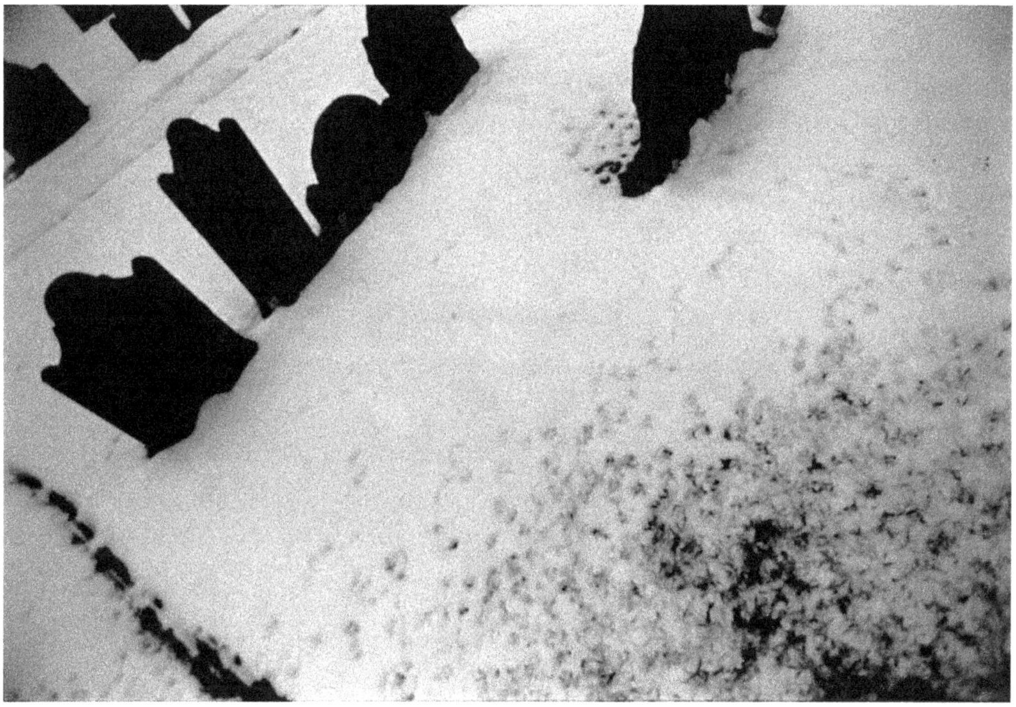

Silence 寂境, New York, USA, 2002

HUE
HUE

Illusory 虛幻, New York, USA, 2002

Decay 衰敗, New York, USA, 2002

Dense 密實, New York, USA, 2002

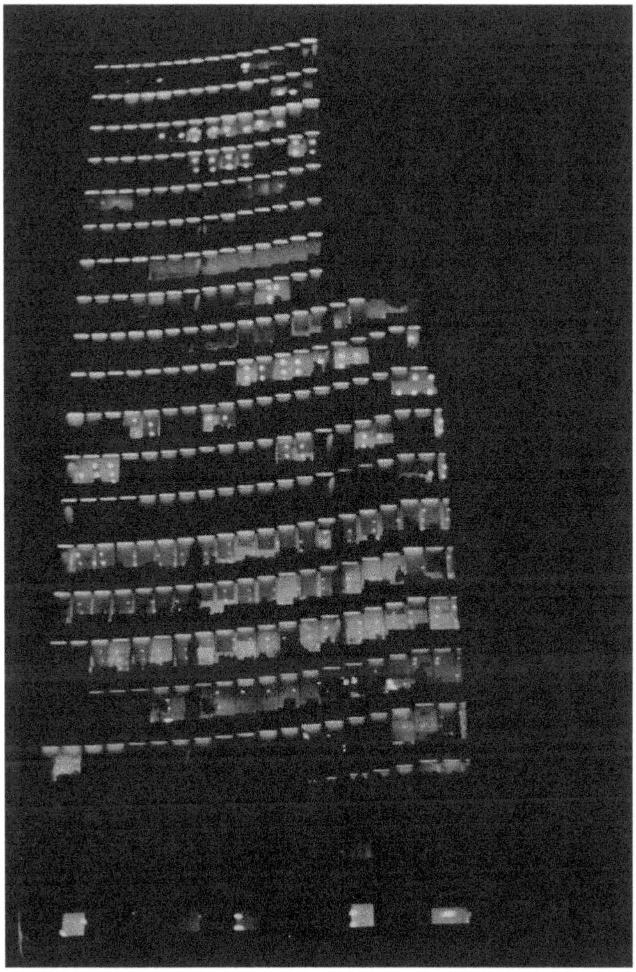

Dazzle 夜裡的炫, New York, USA, 2002

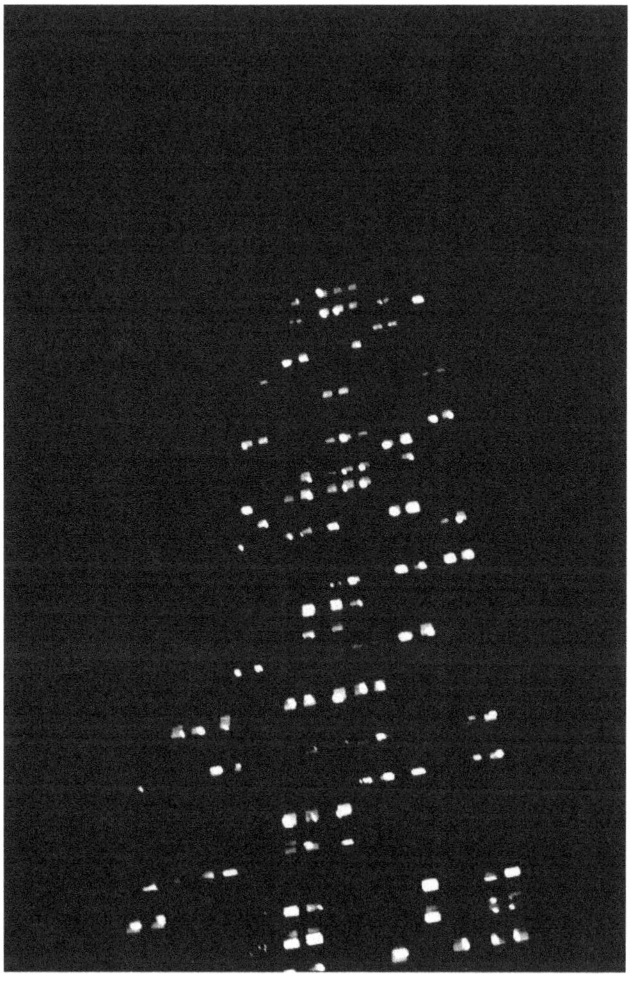

Faint 隱約的在, New York, USA, 2002

Lost 失落, New York, USA, 2002

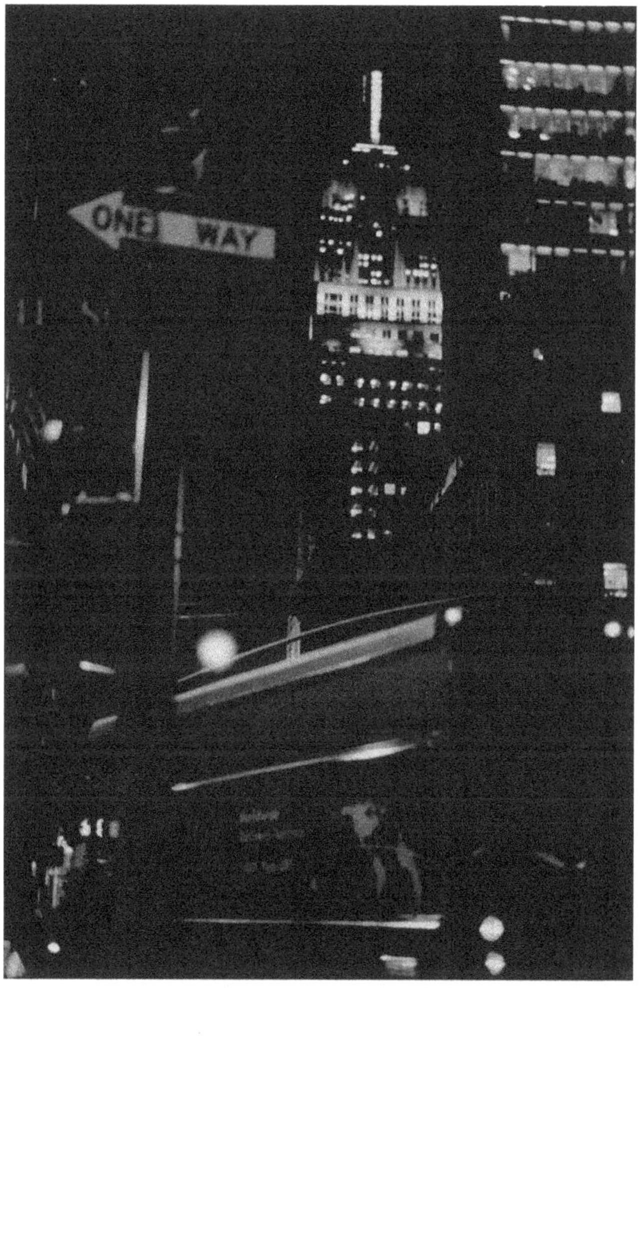
ONE WAY

Discourse 論述, New York, USA, 2002

Flaneur 流浪, New York, USA, 2002

Multiple 層次, New York, USA, 2002

Backlight 逆光, Chicago, USA, 2003

Stranded 擱淺, Boston, USA, 2003

Haze 陰霾, Boston, USA, 2003

Gallop 馳, New York, USA, 2002

Calligraphy 書法, Ann Arbor, USA, 2002

Moment 頃刻, New York, USA, 2002

DIESEL
SAVE
YOURSELF

Fake 偽, Lido, Italy, 2001

Ink 銘刻, Boston, USA, 2002

LEVEL ONE
START 10/31/02 CARROLL DUNHAM END 02/
START 10/05/01 JASON MIDDLEBROOK:
START 11/13/02 NALINI MALANI: HAMLETMA

Snuggle 依偎, New York, USA, 2002

Cezanne
Canaletto
Monet
Bernini
MICHELANGELO
I macchiaioli
EROTICA
Klee
LEONARDO
I codici
CIMABUE
Leonardo
CARPACCIO

Immortal 永恆, Venice, Italy, 2001

Transience 即逝, Tours, France, 1995

Intricate 錯綜, Trento, Italy, 2001

Displace 錯置, Trento, Italy, 2001

Dry 炙熱, Rome, Italy, 2001

一個個體可以歪斜變形到甚程度而依然是自己？
一個被愛的生命體可以歪斜到甚麼程度而依然是一個被愛的生命體？
一張可親的臉在疾病裡、在仇恨裡、在死亡裡漸行漸遠，
這張臉依然可辨嗎？「我」不再是「我」的邊界在哪裡？

- 米蘭·昆德拉(Milan Kundera)

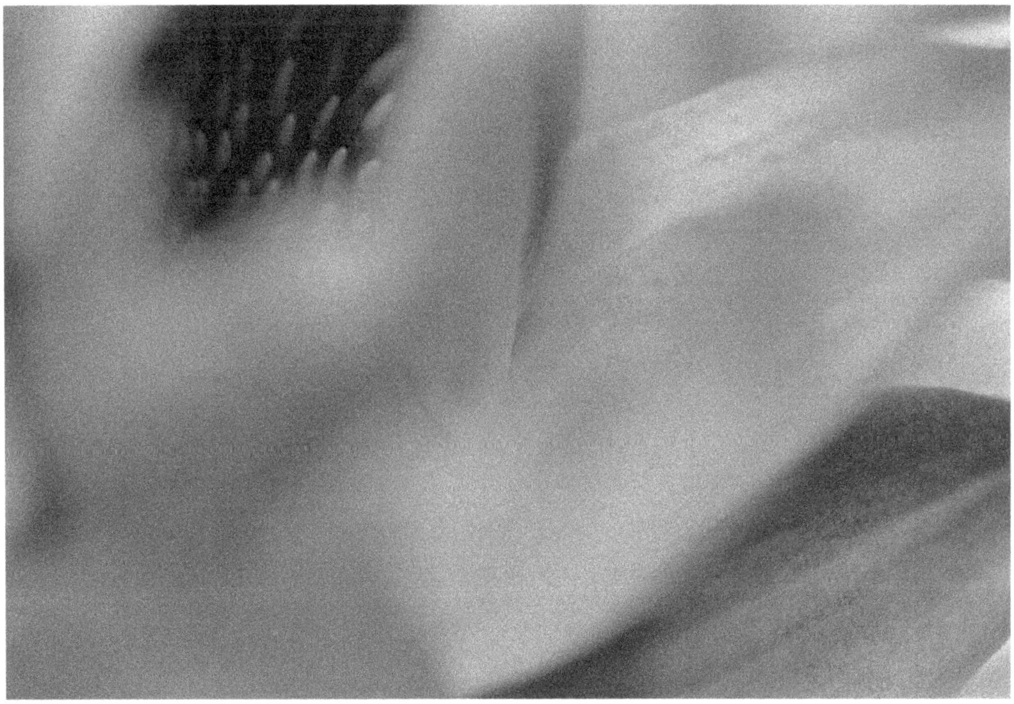

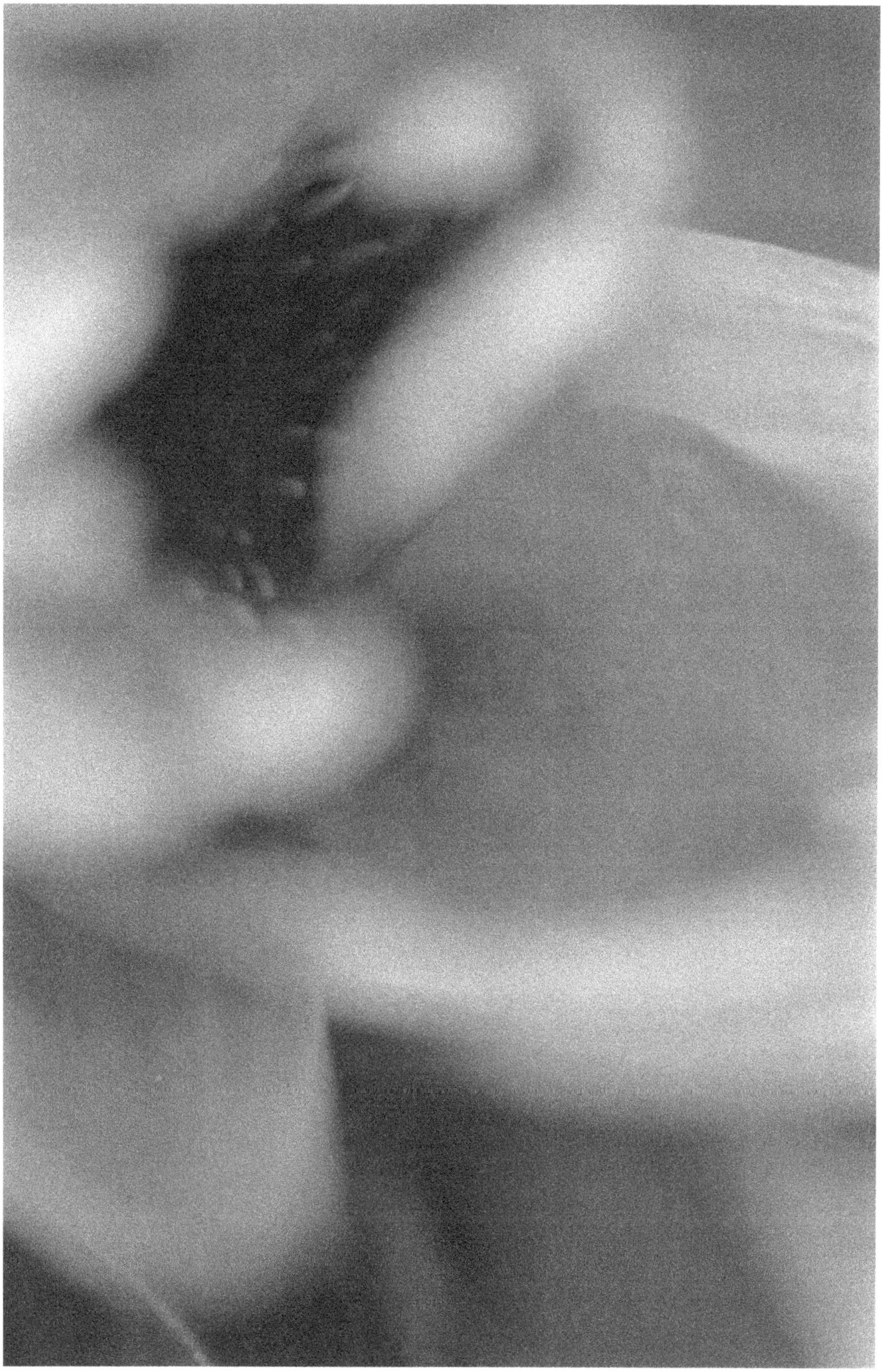

Indistinctness 模糊 #1, Tainan, Taiwan, 2002

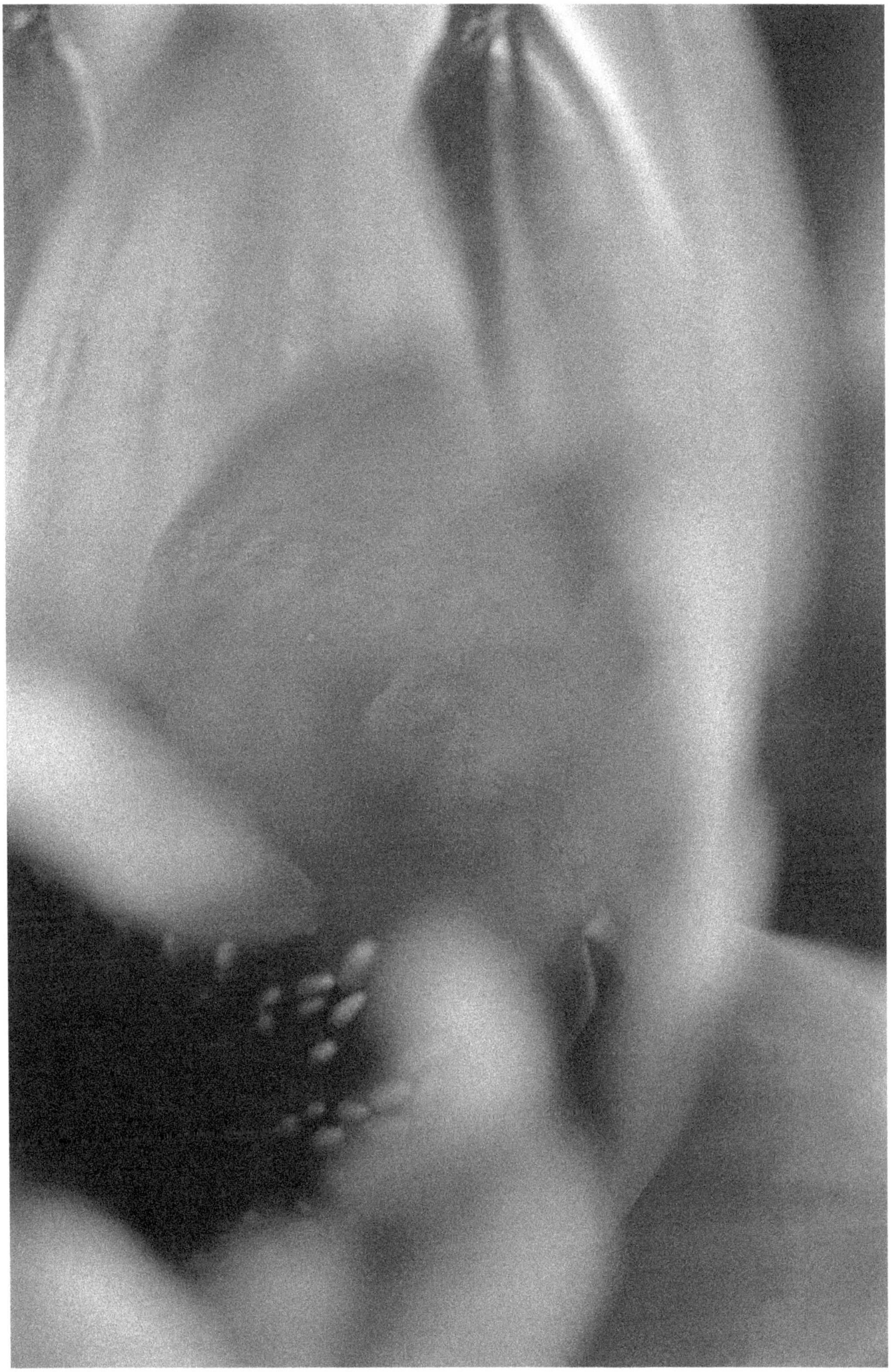

Indistinctness 模糊 #2, Tainan, Taiwan, 2002

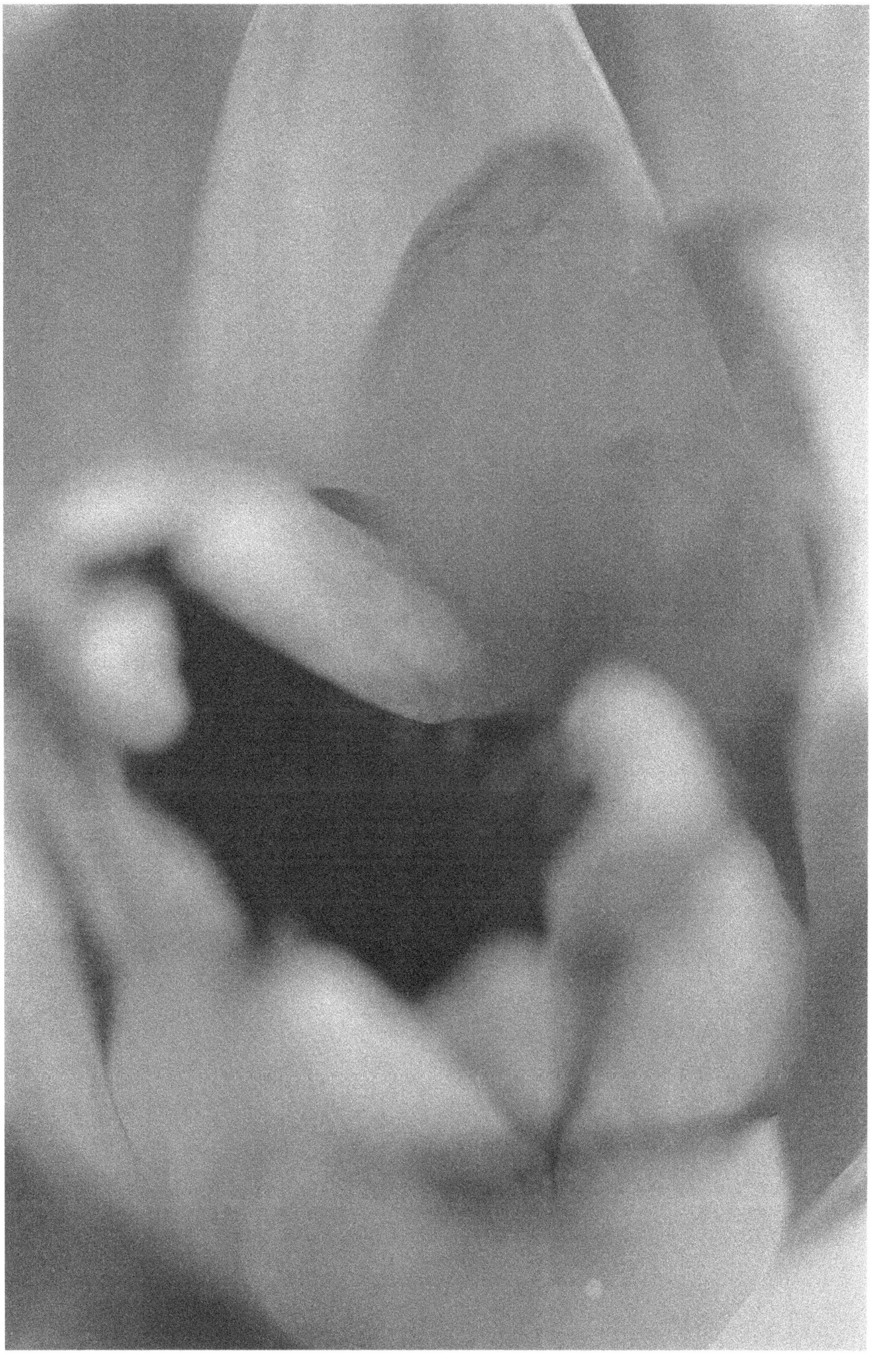

Indistinctness 模糊 #3, Tainan, Taiwan, 2002

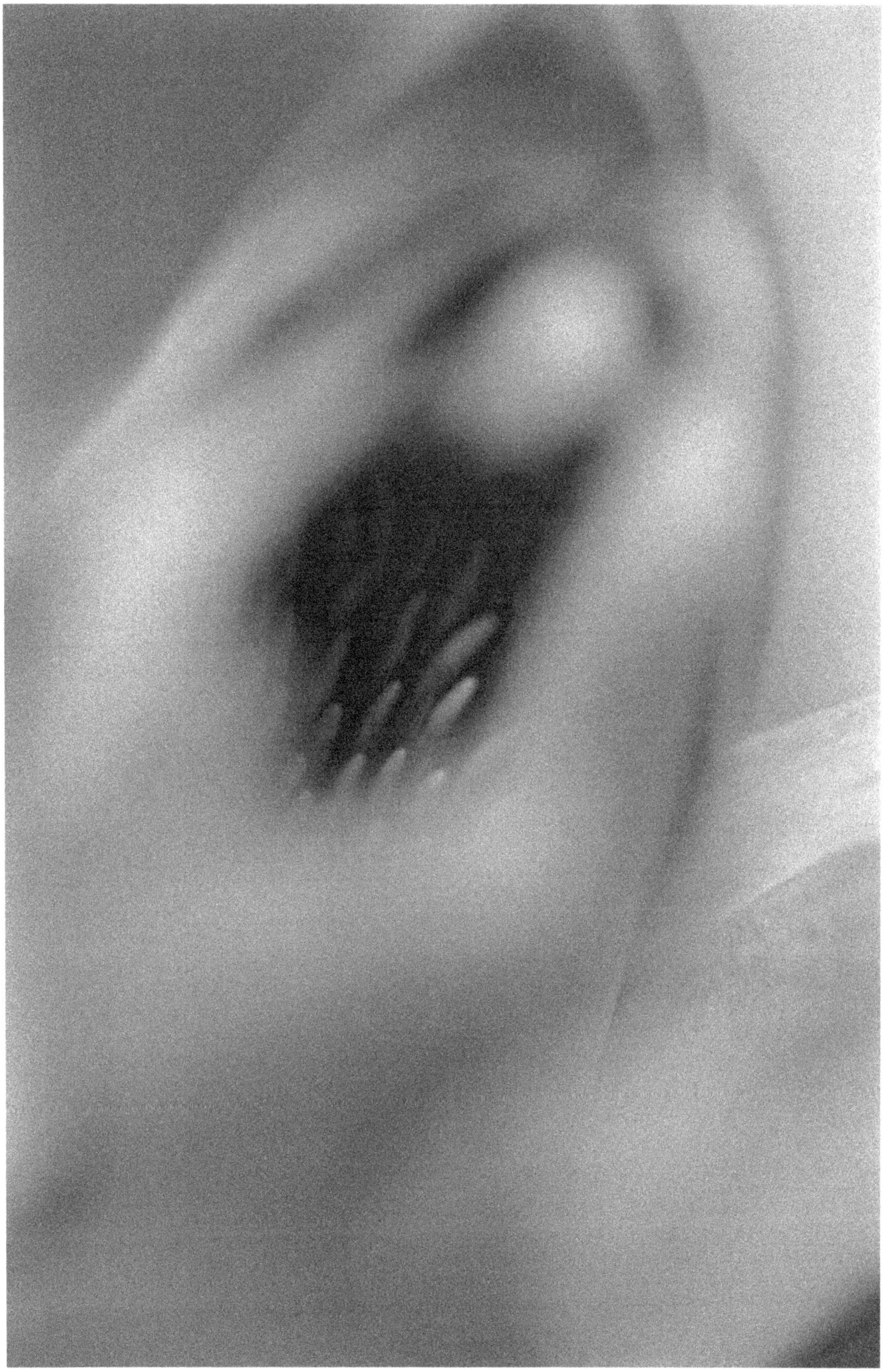

Indistinctness 模糊 #4, Tainan, Taiwan, 2002

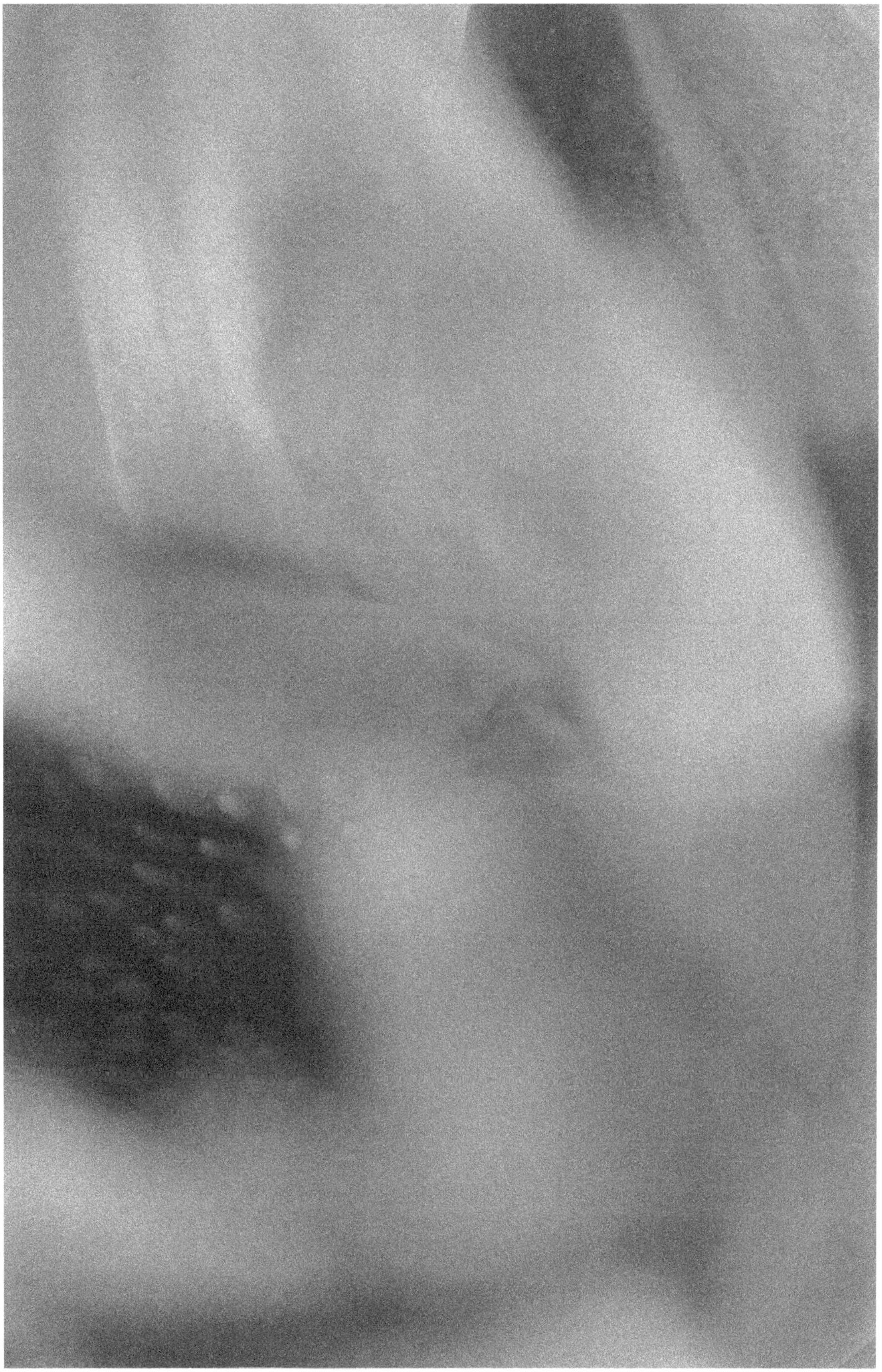

Indistinctness 模糊 #5, Tainan, Taiwan, 2002

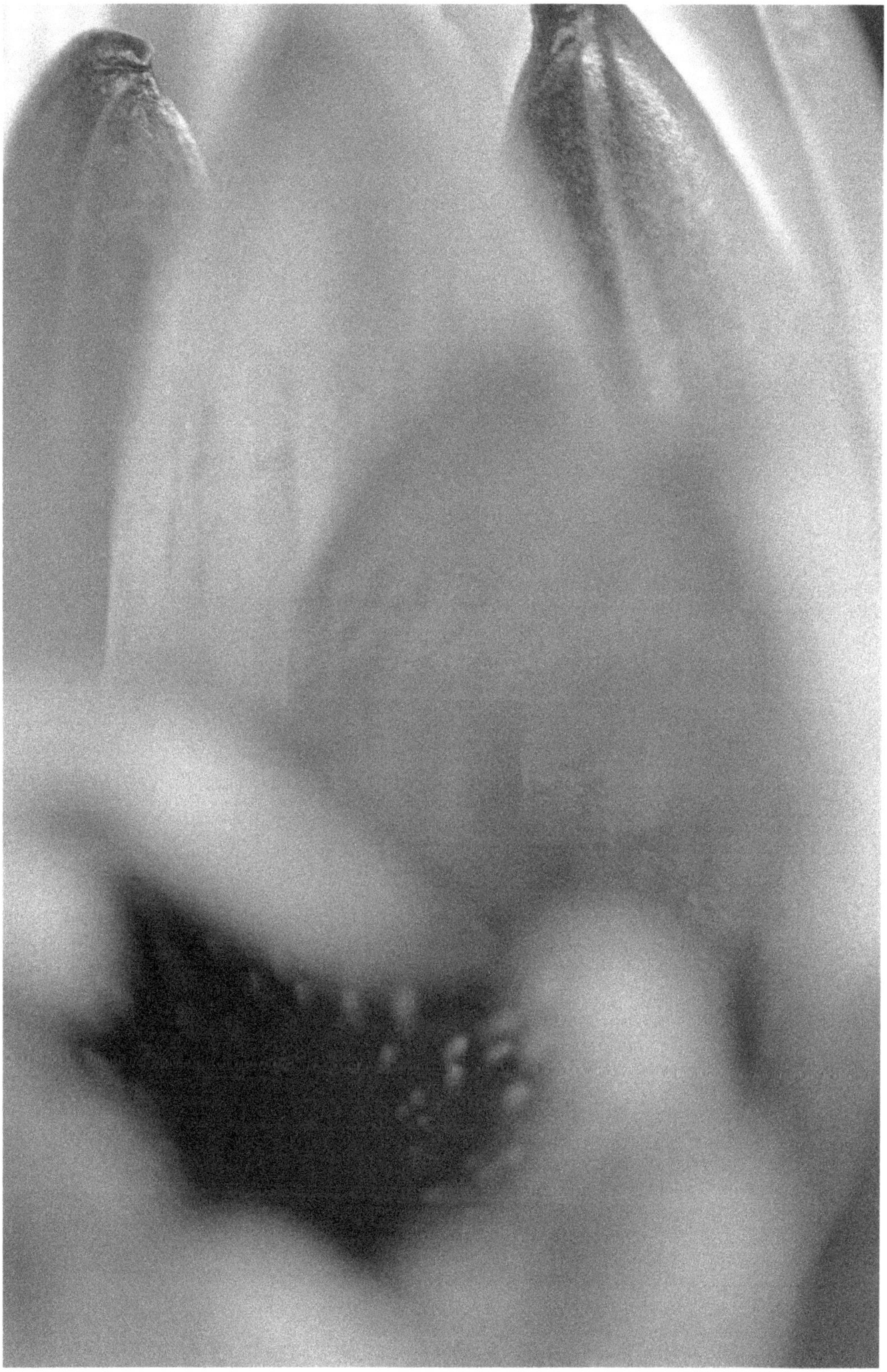

Indistinctness 模糊 #6, Tainan, Taiwan, 2002

我命令我的僕人把馬牽出馬廄。僕人不了解。我自己走進馬廄，上了鞍跨上座。我聽到遠處一只號角發出聲響。我問他那是甚麼意思。他不知道也沒聽到。他在門前把我攔下問道:「您要騎去哪裡?」「我不知道，」我說，「離開這裡，就是離開這裡。不斷地不斷地離開這裡，這樣我才到得了終點。」「所以您知道您的目的地。」他問。「對，」我說。「我說過了，離開這裡 那就是我的終點。」

- 卡夫卡(Franz Kafka)

Exit 離開, Bruno, Italy, 2001

7335

Straight 直, Paris, France, 1997

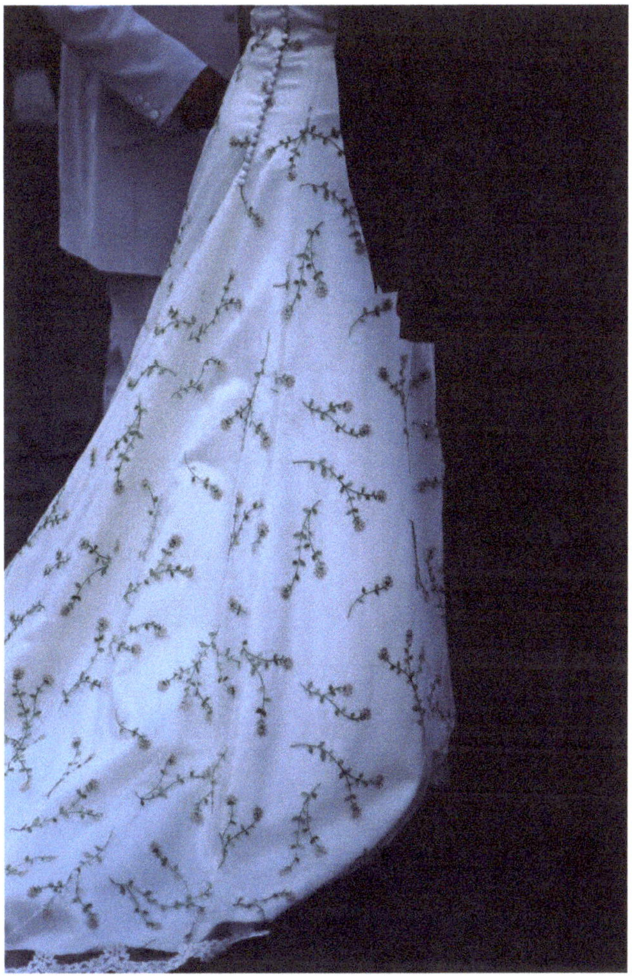

Le voyage 旅程, Florence, Italy, 2001

Temps 時間, Florence, Italy, 2001

攝影曾經

To Photograph with sensation,
to preserve the moment

作　　者／葉怡暄（Yihsuan Yeh）
出版者／美商 EHGBooks 微出版公司
發行者／美商漢世紀數位文化公司
臺灣學人出版網：http：//www.TaiwanFellowship.org
地　　址／106 臺北市大安區敦化南路 2 段 1 號 4 樓
電　　話／02-2707-9001 轉 616-617
印　　刷／漢世紀古騰堡®數位出版 POD 雲端科技
出版日期／2017 年 4 月
總經銷／Amazon.com
臺灣銷售網／三民網路書店：http：//www.sanmin.com.tw
三民書局復北店
地址/104 臺北市復興北路 386 號
電話/02-2500-6600
三民書局重南店
地址/100 臺北市重慶南路一段 61 號
電話/02-2361-7511
全省金石網路書店：http：//www.kingstone.com.tw
定　　價／新臺幣 1480 元（美金 49 元／人民幣 300 元）

www.ingramcontent.com/pod-product-compliance
Lightning Source LLC
Chambersburg PA
CBHW041008050326
40690CB00032B/5309
* 9 7 8 1 6 4 7 8 4 0 5 3 2 *